Mi mejor libro para colorear animales

para niños y niñas de 2 a 4 años

Título: Mi mejor libro para colorear animales.
Autor: Alberto Martin.
Primera Edición: Diciembre 2020.
Editorial: FelicesBooks.
ISBN: 9798587758834.
Impresión: Amazon.com, Inc.
Maquetación interior: FelicesBooks.
Portada: FelicesBooks.
Dibujos interior: Freepik, Tankpic, Kavalenkava, Doodlebarn, Natchapohn, Dualororua, Eriek, Brgfx, Izakowski, Bhonard, Rwgusev, Macrovector, Elenapimukova, Babysofja, User18682086, Milya24.

Este libro es para:

____

¡Hola compi! Tengo una misión para ti. He creado este libro con muchíiiimos dibujos, ¡pero no sé colorearlo! ¿Podrías ayudarme con los colores porfi?

Todos los dibujos están en blanco, llénalos de colores para hacerlos más bonitos y divertidos! ¡Cuantos más colores mejor! ¡Muchas gracias!

Para el/la adulto/a que está contigo: Se recomienda utilizar **lápices de colores, ceras (plastidecor)** o similares. No utilizar rotuladores, pintura o tintas porque podría atravesar el papel.

Por favor no olvides **dejar tu comentario en Amazon**, eso hará saber a Amazon que soy un vendedor de confianza y ¡me animará a seguir creando libros para los/as peques! ¡Gracias! :)

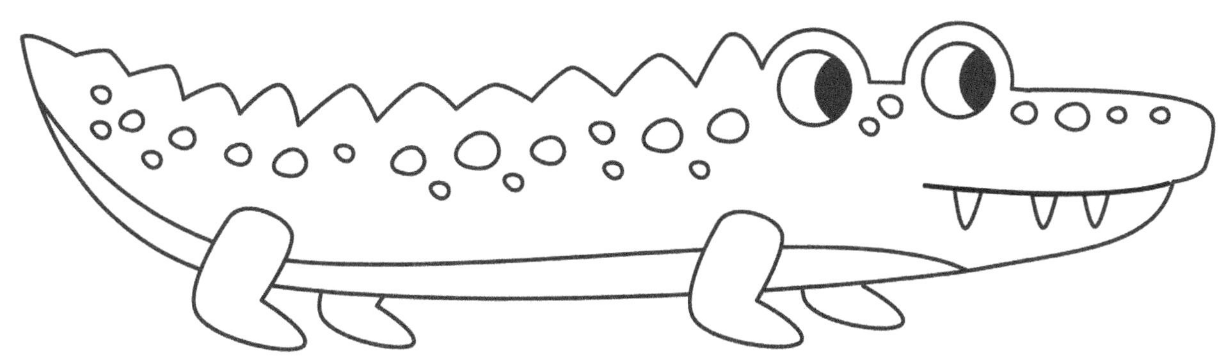

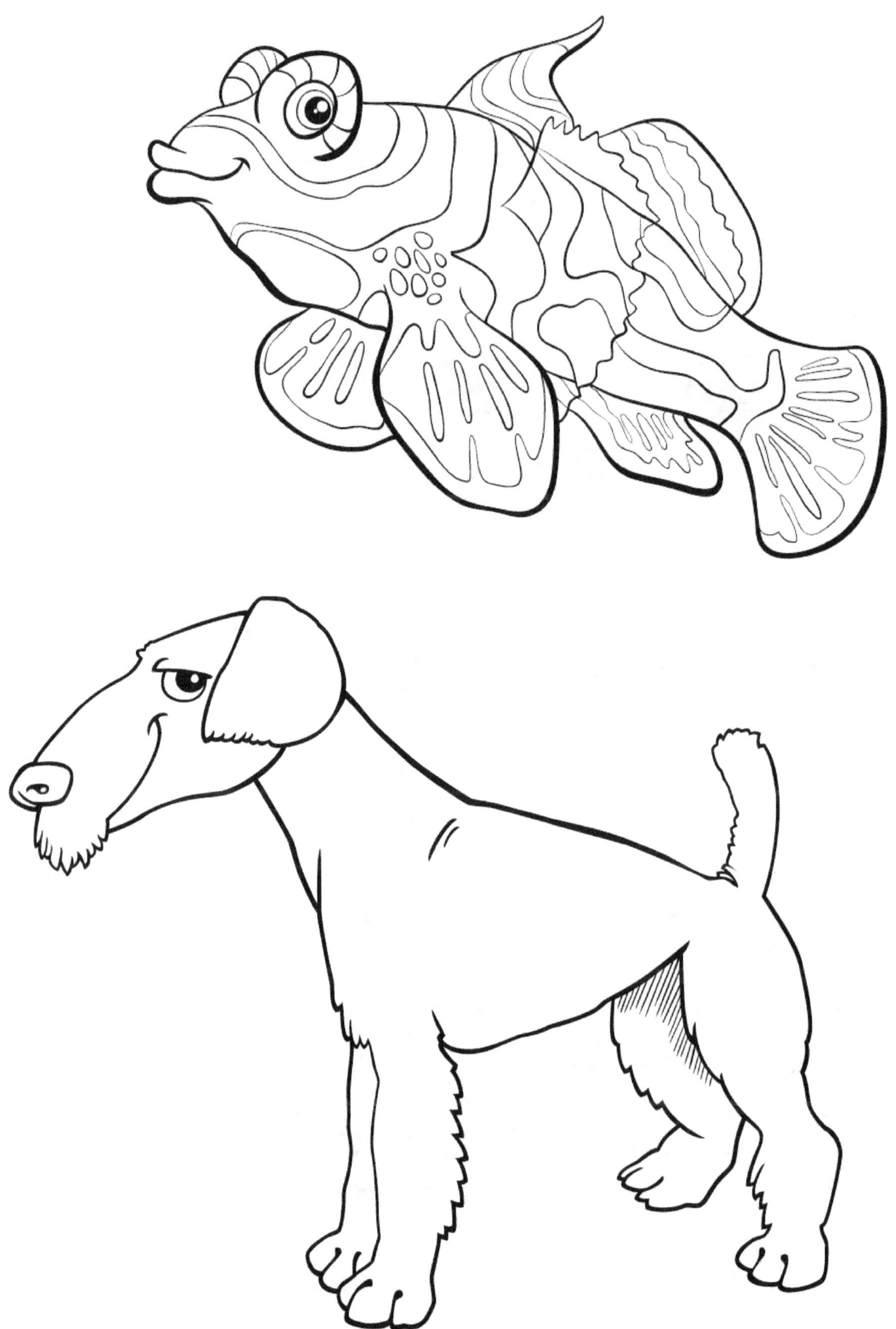

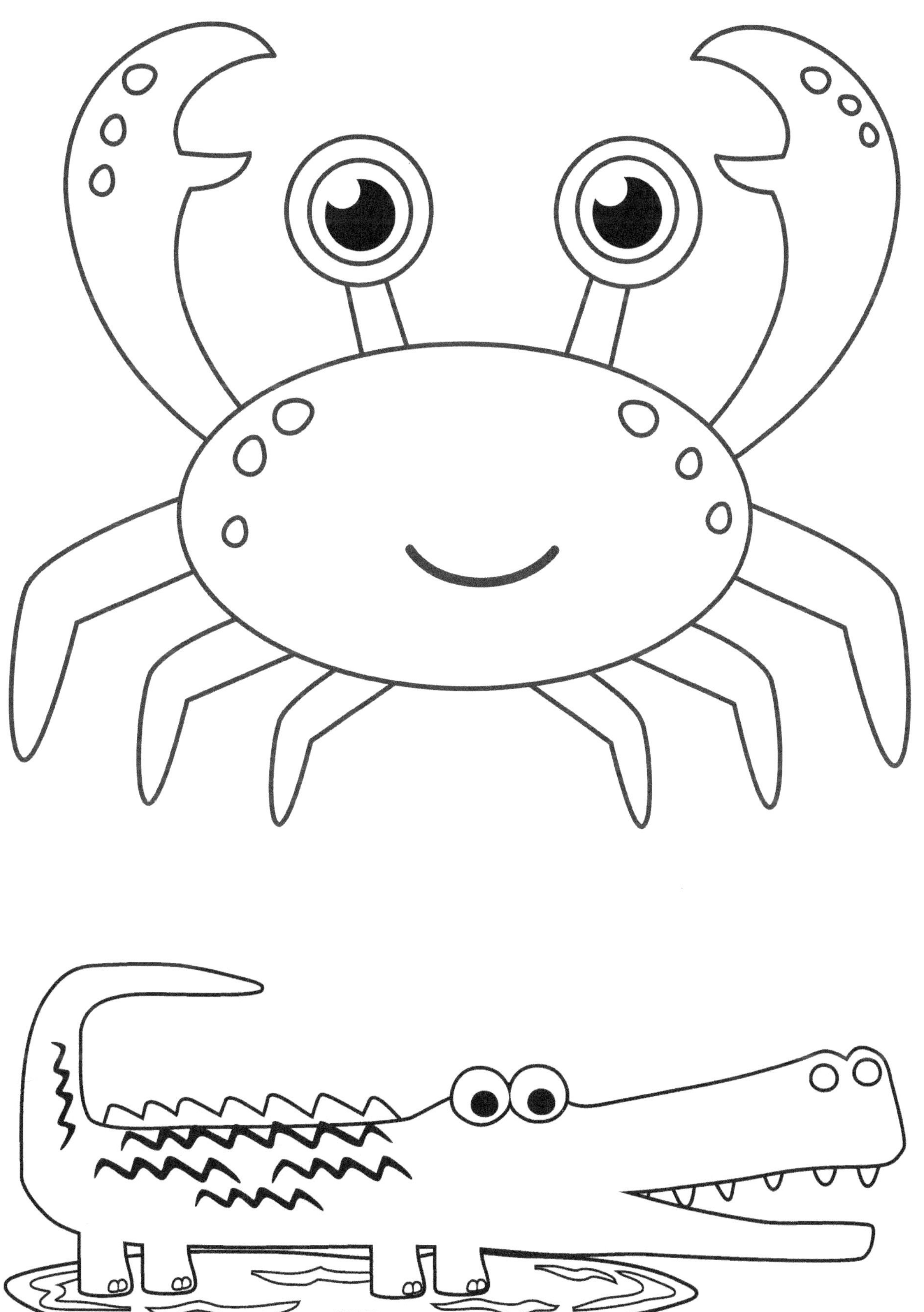

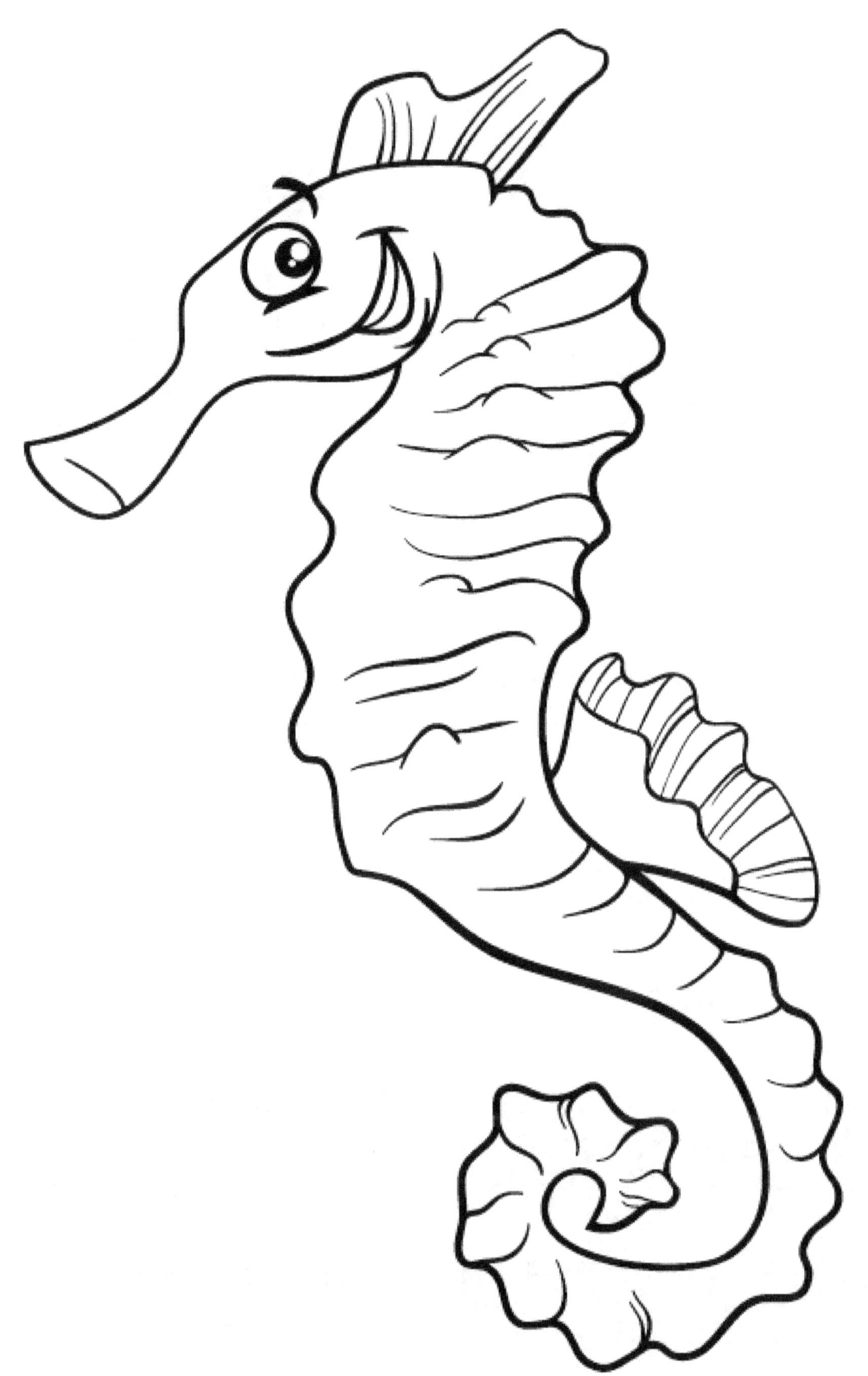

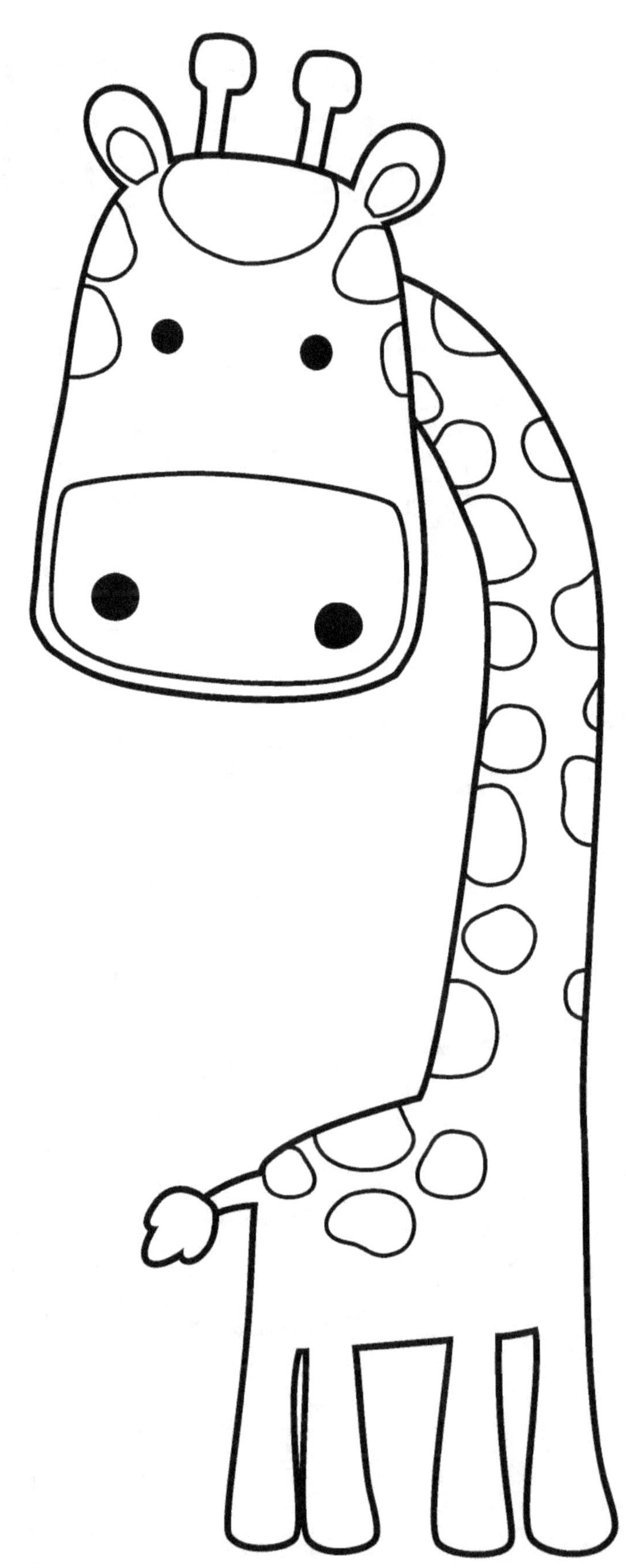